GW00983479

Leo &

Hinter den Kulissen

Langenscheidt

Berlin · München · Wien · Zürich
London · Madrid · New York · Warschau

Leichte Lektüren
für Deutsch als Fremdsprache in drei Stufen
Hinter den Kulissen *Stufe 3*

Von Theo Scherling und Elke Burger

Illustrationen und Umschlagbild: Johann Büsen
Layout: Kommunikation + Design Andrea Pfeifer
Redaktion: Sabine Wenkums
Fotos:
Claus Felix (S. 63)
Flying Moon Filmverleih GbR (S. 61 o.;
die DVD ist bei www.flyingmoon.com erhältlich)
Stefan Malzkorn (S. 61 u. re.)
getty images (S. 59)
Sebastian Goeß (S. 62)
Marek Lieberberg Konzertagentur (S. 60 li.)
Tourismus Nürnberg (S. 60 re.)
Sabine Wenkums (S. 15)

CD: Laufzeit 44'38
Sprecher/innen:
Ulrike Arnold, Ulrich Baur, Jan Fassbender, Detlef Kügow, Alexander
Schenk, Jenny Stölken, Peter Veit, Ememkut Zaotschnyj

Regie: Theo Scherling und Sabine Wenkums
Aufnahme, Schnitt, Mischung: Andreas Scherling
Tonstudio: Erik Weissberg, White Mountain Studio, München
Produktion: Bild und Ton, München

©℗ 2010 Langenscheidt KG, Berlin und München

www.langenscheidt.de

© 2010 Langenscheidt KG, Berlin und München
Druck: CS-Druck CornelsenStürtz, Berlin
Printed in Germany
ISBN 978-3-468-**46505**-5

10010

Leo & Co.

Hinter den Kulissen

INHALT

DIE HAUPTPERSONEN DIESER GESCHICHTE:

Felipe

Felipe ist 17 Jahre alt und geht noch zur Schule, aber ungern.

Es gibt viel spannendere Dinge in Felipes Leben, z. B. in letzter Minute günstige Eintrittskarten für ein ausverkauftes Rockfestival organisieren. Felipe ist der richtige Mann für schwierige Aufgaben.

Paco

Paco geht zur Uni und er ist verliebt. Seine Freundin heißt Anna.

Paco träumt schon lange von einem Besuch mit Anna auf einem Festival: drei Tage Rockmusik!

Und jetzt hat sein Cousin Felipe drei superbillige Karten im Internet gekauft. Aber Anna will nicht mit.

Benno

Benno wohnt bei Leo im Haus. Er bezahlt fast keine Miete, weil er Leo manchmal in der Kneipe hilft.

Mit seinen Freunden Paco und Felipe fährt er zum Festival *Rock am See* – und erlebt eine Reise mit Überraschungen.

Leo

Leo ist Maler, aber er ist auch ein leidenschaftlicher Koch.

Seine Kneipe *Leo & Co.* ist ein gemütliches Lokal, in dem man gut und preiswert essen kann.

In dieser Geschichte träumt er von alten Zeiten und seinem ersten Besuch auf einem Rock-Festival.

Andi, Pete, Josh

Josh spielt Bass-Gitarre, Pete spielt Schlagzeug und Andi spielt Gitarre und singt. Zusammen sind sie die Band *Full House*.

Für das Festival *Rock am See* brauchen sie Hilfe. Zum Glück treffen sie Benno, Felipe und Paco.

Otto

Otto arbeitet bei der Security beim Festival *Rock am See*.

Er ist sehr groß, stark und sehr streng. Da kann man schon mal Angst bekommen ...

1

„Sieh mal, wer da kommt!"

„Der hat es aber eilig!"

„Hallo, Felipe! Was ist los, hombre[1]?"

Felipe steigt vom Mofa, nimmt den Helm ab und stürmt zum Tisch.

„Oh, kann ich auch einen Eiskaffee haben?"

„Klar, ich bringe dir einen. Jetzt schnauf erst mal durch. Kann ich dir auch noch was bringen, Paco?"

„Danke, mi amor[2], ich muss bald los."

Anna steht auf und geht in das Lokal.

Anna ist Studentin und jobbt nebenbei in der Kneipe *Leo & Co.* Am Nachmittag ist dort meist nicht viel los.

Anna und Paco sind verliebt, doch leider haben die beiden immer viel zu wenig Zeit, denn sie studieren und müssen nebenher Geld verdienen.

Felipe ist Pacos Cousin. Er ist 17 Jahre alt und geht noch zur Schule.

„So, dein Eiskaffee. Warum hast du es denn so eilig?"

Felipe trinkt einen Schluck, dann holt er einen Briefumschlag aus seiner Tasche und sieht Anna und Paco feierlich an:

„Tata! Seht mal, was der kleine Felipe da hat! Drei Karten für *Rock am See*!"

---

1 *hombre*: spanisch *Mensch*
2 *mi amor*: spanisch *meine Liebe*

„Was? Das Konzert ist doch seit Wochen ausverkauft!", erwidert Paco erstaunt.

„Eben! Das ist doch der Knaller[3]! Habe ich bei ebay ersteigert. Und die waren nicht mal teuer!"

3 *das ist der Knaller!*: ugs. hier für *das ist die Sensation, das Besondere*

Anna guckt skeptisch.

„Darf man bei ebay nicht erst ab 18 mitsteigern?"

„Na ja, eigentlich hat sie ein Kumpel[4] von mir ersteigert. Na, was sagt ihr?"

Paco nimmt die Eintrittskarte.

„Klasse, da wollte ich schon immer mal hin. Drei Tage Rockmusik. Super!"

„Du bist ja nicht gerade begeistert. Ich dachte, wir drei ...", sagt Felipe etwas gedämpft.

„Drei Tage Rockmusik? Das ist mir zu laut. Und was ist, wenn es regnet?"

„Na ja, dann braucht man eben entsprechende Kleidung. Echten Rock Fans macht das nichts aus."

„Nee, danke. Da fahrt mal schön allein hin. Ein Konzert, o.k., aber drei Tage lang so ein Lärm, das ist nichts für mich."

„Aber ich habe doch drei Karten!"

„Dann frag doch einfach Benno, der ist ein echter Rock Fan, dem machen Regen und Matsch bestimmt nichts aus."

Ü1 „Und du willst wirklich nicht mitkommen, cariño[5]?"

Ü2 Felipe packt sein Handy aus und wählt eine Nummer.

Ü3

4 *der Kumpel*: ugs. für *der Freund*
5 *cariño*: spanisch *mein Liebes*

2

„Also, Jungs, passt mal auf. Ich habe alles gecheckt[6].
Das Konzert ist vom 4. bis 6. Juni."
„Was sind das denn für Wochentage? Ich muss mir ja sonst frei nehmen", unterbricht Benno.
„Freitag bis Sonntag. Ich glaube, es geht am Freitagnachmittag los. Am besten wär's natürlich, wir könnten schon am Donnerstagabend da sein. Der Campingplatz ist ab Mittag geöffnet. Und wer zuerst kommt, kriegt die besten Plätze."
„Und der Campingplatz ist gleich beim Festival?", fragt Paco.
„Klar. Seht mal, ich habe aus dem Internet den Lageplan runtergeladen. Hier ist der See. Und um den See herum kann man campen.

6 *checken:* aus dem Englischen, ugs. für *prüfen, kontrollieren, nachsehen*

Und hier, gleich in der Nähe, ist der Parkplatz. Vom Campingplatz
zum Festival-Gelände sind es zu Fuß, ich schätze mal, höchstens
➲Ü4 zehn Minuten. Wer zuletzt kommt, hat den weitesten Weg."

„Ach so, hat das mit dem Auto geklappt?", fragt Paco.
„Klar! Ab Donnerstag können wir Kais Auto haben. Er wäre natürlich auch gern mitgefahren. Aber es gibt keine einzige Karte
mehr", antwortet Benno.
„Tja, dann könnt ihr ja mächtig stolz auf mich sein!", grinst Felipe.

„Plant ihr hier eine Verschwörung?"
Leo kommt zum Tisch und lächelt.
„Nein, wir planen unseren Trip zum Rockfestival."
„Wohin fahrt ihr denn? Zu *Rock am Ring*?"
„Oh, da kennt sich jemand aus!", lacht Benno.
„Nein, wir fahren zu *Rock am See*. Das Festival ist nicht ganz so
groß, aber 20.000 Leute kommen da auch hin."
„Pfft!" Leo pfeift überrascht.
„So viele? Damals auf meinem ersten Open-Air-Festival waren
wir nur ein paar Tausend."
„Wo war denn dein erstes Festival? In Woodstock?"
„Quatschkopf! Woodstock war in Amerika. Und da kamen ein
paar Hunderttausend Leute."
„In Woodstock war ich leider nicht, mein erstes Open Air war
auf der Loreley."
„Auf der Loreley? Du meinst den Felsen am Rhein? War da mal
ein Festival?"
„Klar! 1980 oder 1981. Das war noch richtig gemütlich. Wie eine
Gartenparty. Die Leute haben gegrillt und man konnte die Musi-
ker kennenlernen. Das waren noch keine Superstars."
„Wer war denn damals dabei?"

Leo ist der Chef der Kneipe. Eigentlich ist Leo Maler, aber er ist auch ein leidenschaftlicher Koch. Vor ein paar Jahren hat er sein Hobby zum Beruf gemacht und das Lokal *Leo & Co.* eröffnet. Benno wohnt bei Leo im Haus und hilft manchmal in der Kneipe.

„Hm, im Moment kann ich mich gar nicht mehr so recht daran erinnern. – Eric Burdon oder Rory Gallagher?"
„Wer? Nie gehört."
„Tja, das war noch echter Rock'n Roll. Ich müsste noch irgendwo Fotos haben."
„Oh ja, sieh doch mal nach."
„Kann ich euch noch was bringen, sonst suche ich wirklich nach den Bildern. Das interessiert mich jetzt selbst.
There is a house in New Orleans, they call the rising sun ..."   ❯Ü5

„Leo als Hippie[7], bestimmt lustig. Aber jetzt müssen wir über die Kohle[8] sprechen. Ich bekomme von jedem 50 Euro für die Eintrittskarte und ..."

„Echt? Nur 50 Euro? Ich dachte die Karten kosten 150 Euro?"

„Regulär schon, aber der gute Felipe hat ja ein Schnäppchen[9] im Internet gemacht! Also 50 für die Tickets und dann das Benzingeld."

„Und Kai will 100 Euro fürs Auto."

„Ganz schön viel!"

„Ach was, mit der Bahn wäre es viel teurer. Und wir müssten dreimal umsteigen. Und die ganzen Sachen schleppen[10]. Zelt, Schlafsäcke, ..."

7 *der Hippie*: aus dem Amerikanischen, Anhänger einer antibürgerlichen Bewegung inn 1960er Jahren
8 *Kohle*: ugs. für *das Geld*
9 *das Schnäppchen: ein Sonderangebot*
10 *schleppen: tragen*

3

„Rrrrring! Rrrrrrrring!"
Verschlafen sieht Benno auf den Radiowecker. Sieben Uhr.
„Oh Mann, so früh ..."
Er bleibt noch ein bisschen liegen und hört die Nach-
richten.

◉Ü6

Benno quält sich aus dem Bett und geht ins Bad.
Er duscht kalt, aber richtig wach ist er immer noch nicht.
„Ich brauche jetzt erst mal einen Kaffee."
Benno zieht sich seine Jeans und ein buntes T-Shirt an und verlässt
seine Wohnung.
Er wohnt im 2. Stock, unter dem Dach. Die Wohnung ist klein:
ein großes Zimmer, eine kleine Küche und ein winziges Bad mit
Dusche.
Aber Benno bezahlt fast keine Miete, weil er Leo manchmal in
der Kneipe hilft.
Leo wohnt im ersten Stock. Dort ist auch sein Atelier. Manchmal
riecht es im ganzen Haus nach Ölfarbe.
Im Erdgeschoss ist das Lokal.

Benno läuft die Treppe runter und sieht, dass die Tür zu Leos
Atelier offen steht.
„Hallo, Leo? Ich mach' mir einen Kaffee, soll ich dir eine Tasse
mitbringen?"
Keine Antwort.

Benno klopft an die Tür und geht ins Atelier.
„Leo? Leo!"
„Hier bin ich!"
Benno folgt der Stimme. Leo ist im Abstellraum.

„Hallo, Leo! Schon so früh auf den Beinen? Was machst du denn hier?"
„Der frühe Vogel fängt den Wurm!"[11]
„Wie bitte?"
„Ich habe die ganze Nacht nicht geschlafen und dauernd überlegt, wo die alten Fotos sein könnten. Jetzt habe ich sie endlich gefunden!"
Leo steigt vom Stuhl.
In der Hand hat er einen kleinen Karton.
„Komm mit, ich koche uns einen Kaffee und zeige dir die Bilder von meinem ersten Festival."

Leo und Benno sitzen in der Küche.
„Na, was meinst du? Sehe ich nicht cool aus?"
„Supercool sogar! Warst du ein Späthippie? Diese Mode gab es doch schon seit Ende der 60er Jahre?"
„Ich war sogar ein Frühhippie. Nur habe ich meinen Kleiderstil dann nicht mehr geändert."
„Zu der Zeit war doch eher Punk angesagt, oder?"
„Ach was! Hippie, Punk, Popper[12], damals gab es alles. Nur mit den Rockern wollte ich nichts zu tun haben."

❯Ü7

11 *Der frühe Vogel fängt den Wurm*: Sprichwort *Wer früh aufsteht, schafft viel*
12 *Popper*: Jugendliche mit modischer Kleidung, vor allem in den 1980er Jahren

„Drrrrring! Drrrring!"

„Wer ruft denn so früh an? Es ist doch erst acht."

„Oh, das ist bestimmt einer von den Jungs. Wir fahren heute zum Festival."

Leo geht zum Telefon und nimmt den Hörer ab:

„Guten Morgen, hier ist Leo. ... Ja, der ist fertig. ... Klar, sag' ich ihm. Er kommt gleich ... Viel Spaß! Tschüs."

Leo legt auf.

„Du hattest Recht, Benno, Paco wartet schon. Er meint, es könnte auf der Autobahn Staus geben."

„Ja, das habe ich auch gehört. Dann fahre ich am besten gleich los! Danke für den Kaffee, Leo. Wir sind dann am Sonntag wieder zurück. Tschüs!"

„Jaja, auch tschüs!"

Benno rennt die Treppe in seine Wohnung rauf.

Schnell nimmt er ein paar Klamotten aus dem Schrank, holt seinen Toilettenbeutel aus dem Bad, rollt seinen Schlafsack zusammen und packt alles in eine Reisetasche.

Und die Regenjacke. Man weiß ja nie.

4

„Können wir mal eine Pause machen? Ich habe Hunger!"

„Gerne, ich brauche auch langsam eine Pause."

„Wie weit ist es eigentlich noch?"

„Frag Felipe, der hat das Navi[13], ich bin nur der Fahrer", lacht Benno.

„Na, Cousin, was sagt deine Wundermaschine?"

„Immer schön cool bleiben. Moment. ... Mist! Irgendwie habe ich hier keinen Empfang."

„Keinen Empfang? Brauchst du für das Navi Empfang?"

„Logo[14], Alter! Das Navi ist sozusagen in meinem Handy, wenn du verstehst, was ich meine."

13 *das Navi*: Abkürzung, Naviagationsgerät fürs Auto
14 *logo*: ugs. für *logisch*, *klar*

„Ich verstehe schon. Dir hat wieder mal jemand Schrott angedreht.[15]"

„Das muss nur ein bisschen warmlaufen, Mann."

„Ruhe! Da vorne ist eine Raststätte. Ich fahre raus, o.k.?"

„Eine Currywurst und Pommes mit Mayo[16], bitte."

„Möchten Sie auch was zu trinken, junger Mann?"

„Ach ja, eine Cola, bitte. Was macht das?"

„Gehen Sie zur Kasse, dort können Sie be-
zahlen. Der Nächste bitte!"

„Für mich das Gleiche, bitte."

„Mit Cola?"

„Ja, bitte."

„Und Sie? Was möchten Sie?"

„Ich hätte gerne einen Kaffee, stark bitte!"

„Also einen Espresso?"

„Ja, am besten einen doppelten. Und
dann nehme ich noch ein Schinken-Käse-
Sandwich."

„So, jetzt funktioniert es wieder! Also, wir
müssen noch weiter auf der Autobahn fahren,
bis zur übernächsten Ausfahrt. Der Ort heißt
Hambach. Dann geht es auf der Landstraße
weiter. Hm, so circa 40 Kilometer."

„Wann sind wir dann da?"

„Na ja, jetzt machen wir erst mal Pause, dann
fahren wir weiter. Ich denke, in zwei Stunden,
wenn nichts dazwischen kommt."

15 *jmd. etwas andrehen*: ugs. für *jemandem etwas verkaufen,
was nichts wert ist*
16 *Mayo*: ugs. für *Mayonnaise*

„He, seht mal! Da ist schon ein Schild!", ruft Paco.

„Was? Hier schon? Zum Festival sind es bestimmt noch 10 Kilometer."

„Aber die meisten Besucher kommen auf dieser Straße. Jetzt kannst du dein Navi wieder einpacken, Felipe."

„Ja, ja, aber ohne mein Navi wären wir nie bis hierher gekommen."

„Warum müsst ihr beiden euch eigentlich immer streiten?"

„Was sich liebt, das neckt sich!", lacht Felipe und klopft Paco kräftig auf die Schulter.

„Aua, lass das. Hol lieber schon mal die Eintrittskarten aus der Tasche."

„Wieso?", fragt Benno. „Das Festival beginnt doch erst morgen."

„Ja, aber auf den Parkplatz kommt man nur mit den Eintrittskarten. Das ganze Gelände ist abgesperrt. Zuerst müssen wir das Auto parken, dann gehen wir zum Campingplatz und suchen uns eine gute Stelle, möglichst nah beim Festival-Gelände. Hast du den Plan, Felipe?"

„Claro! Hier sind die Tickets und hier ist der Plan. Ach Jungs, was wärt ihr nur ohne mich."

„Wir sind da! Welchen Weg soll ich fahren: *Besucher* oder *Backstage*[17]?"

„Sehr witzig! Besucher natürlich. Guck mal, der Typ winkt uns."

„Die Jungs sehen aber gefährlich aus!"

„Leg dich bloß nicht mit denen an. Das sind Rocker."

---

17 *Backstage*: englisch *hinter der Bühne*, hier der Eingang für die Bands

Benno fährt bis zur Schranke.

Ein großer, dicker Typ in schwarzer Lederjacke und schwarzer Lederhose kommt zum Auto. Auf seinem T-Shirt steht *Security*[18].

„Tag, Leute. Eure Tickets, bitte."

„Bitte schön!"

Der Wachmann nimmt die Tickets.

„Moment mal."

Er geht mit den Eintrittskarten zu einem Container neben der Schranke.

„Was ist los?", fragt Paco.

●Ü8 „Keine Ahnung. Bestimmt nur ein Check."

18 *security*: englisch *Sicherheit*, *Schutz*

Nach ein paar Minuten kommen zwei Security-Leute zum Wagen.

„Tja, Jungs, Pech gehabt. Wer hat euch denn diese Tickets angedreht? Die sind gefälscht!"

„Was? Aber ..."

Benno dreht sich zu Felipe um.

Felipe sitzt mit offenem Mund auf dem Rücksitz.

„Das kann nicht sein. Mein Kumpel, also, äh ..."

„Hast du wohl im Internet gekauft, was? Da gibt es oft Ganoven[19], die gefälschte Tickets verkaufen. So sieht ein echtes Ticket aus!"

Der Wachmann zeigt den Freunden eine Eintrittskarte.   ❯Ü9

„So, und jetzt kehrt bitte um und macht die Einfahrt frei."

„Aber ..."

„Nix aber! Ich sag's nicht zweimal."

„Qué rollo!"[20]

14

❯Ü10
❯Ü11

---

19 *der Ganove*: *der Bandit, Kriminelle, Verbrecher*
20 *Qué rollo!* spanisch *Mist!*

5

Benno fährt zurück. Nach ein paar hundert Metern parkt er das Auto am Straßenrand.

„So, und was machen wir jetzt?"

Nach einer kleinen Pause sagt Felipe:

„Ich check das, ehrlich. Ihr bleibt jetzt mal schön im Auto sitzen und ich laufe zurück zum Gelände. Wir können unser Auto ja hier parken und ich gucke mal, ob man nicht irgendwie doch auf den Campingplatz kommt. Das Gelände ist riesig und es kann unmöglich überall ein Wachmann stehen."

„Du spinnst!"

„Da sind bestimmt noch andere, die man reingelegt²¹ hat. Und damals in Woodstock sind doch auch Tausende ohne Ticket zum Konzert gegangen. Die können doch nicht alle 20.000 Leute kontrollieren."

●Ü12 „Ach, mach doch, was du willst!" Paco ist immer noch sauer.

Felipe läuft über eine Wiese zu einem kleinen Wald.

Natürlich geht er nicht zur Einfahrt zurück. Er hat großen Respekt vor den beiden Wachleuten.

Das ganze Gelände ist eingezäunt. Der Zaun ist bestimmt über zwei Meter hoch.

Felipe probiert, ob er darüberklettern kann. Es klappt.

Er sieht nach links und nach rechts und springt auf den Boden.

Auf der anderen Seite vom Zaun versteckt er sich sofort hinter einem Gebüsch.

21 *jmd. reinlegen*: ugs. für *jmd. betrügen*

Er wartet ein paar Minuten. Dann hört er Stimmen.
Ganz in der Nähe bauen junge Leute ein Zelt auf.
„Zuerst die Stangen und dann das Zelt darüberziehen."
„Quatsch! Zuerst legen wir das Zelt auf den Boden und dann schieben wir die Stangen rein ..."

„Hi, kann ich euch helfen?"
„Hast du schon mal ein Zelt aufgebaut?"
„Klar! Ich bin absoluter Zeltprofi." Felipe nimmt zwei Stangen und schiebt sie in das Zelt. So und ihr zieht jetzt an den Ecken ... vorsichtig ... fertig!"
„Alle Achtung, super."
„Jetzt müsst ihr nur noch die Schnüre am Boden befestigen."
„Wo ist denn dein Zelt?"
„Ich bin mit meinen Kumpels da. Wir sind da hinten ..."
Felipe macht eine vage Geste in Richtung Parkplatz.
„Sagt mal, wo gibt es denn hier was zu futtern[22]?"

22 *futtern*: ugs. für *essen*

„Geh einfach Richtung See. Vor dem Festival-Gelände sind viele Buden[23], da gibt es alles. "

„Und nimm deine Eintrittskarte mit! Die Security kontrolliert dieses Jahr ganz streng. Ich habe gehört, es soll gefälschte Eintrittskarten geben."

„Klar, danke. Tschüs! Man sieht sich."

Langsam schlendert Felipe über den Campingplatz.
Überall bauen die Festivalbesucher ihre Zelte auf. Manche sind schon fertig und sitzen auf ihren Liegestühlen. Lampions brennen und es riecht nach Grillfeuer.
Die Buden sind mit vielen bunten Lampen beleuchtet und es herrscht bereits Großbetrieb.
Pizza, Döner, Hamburger, Currywurst, vegetarisches Essen, es gibt wirklich alles. Buden mit Souvenirs vom Festival: T-Shirts mit den Logos der Bands oder witzigen Aufschriften, CDs, Schals und so weiter.

23 *Buden*: hier: Imbiss- und Getränkestände

In der Nähe stehen Container mit Duschen und Toiletten.
Felipe geht auf die Toilette.

❯Ü13

Er wäscht sich die Hände und das Gesicht. Er ist müde.
Er zieht seine Jacke aus und sucht sein Handy. Er will Paco Bescheid sagen, dass er noch ein paar Minuten braucht. Er will noch die Eingänge zum Festival-Gelände besichtigen.
Ein großer Typ kommt in den Container.
„'n Abend!"
„Äh, guten Abend", antwortet Felipe überrascht.
„Kenn' ich dich nicht?"
„Mich? Nein, bestimmt nicht."
„Doch, dich kenn' ich! Du bist doch der mit dem falschen Ticket!"
„Nein, du, äh, Sie verwechseln mich bestimmt."
Felipe flitzt an dem Wachmann vorbei und rennt Richtung Campingplatz.
„Warte! Bleib stehen!"
Der Wachmann rennt Felipe nicht hinterher. Er nimmt sein Walkie-Talkie[24] und informiert seine Kollegen.

Zehn Minuten später ist Felipe wieder am Auto.
„Wird aber langsam Zeit. Wir dachten schon, du kommst nicht mehr", schimpft Benno.
„Was ist denn mit dir los? Du siehst aus, als ob der Teufel hinter dir her wäre."
„So was Ähnliches. Der Aufpasser von vorhin hat mich erwischt."
„Und?"
„Nix und! Ich musste schleunigst[25] weg. Und jetzt liegt meine Jacke in der Toilette. Alles drin natürlich: mein Handy, meine Kohle, qué rollo!"

❯Ü14

24 *das Walkie-Talkie*: englisch *das Funksprechgerät*
25 *schleunigst*: *sehr schnell*

„Kannst du das Schild dort lesen?"

„Nein, viel zu dunkel - warte mal: Hambach, oder so."

„Ich glaube, wir sind hier falsch. Oder kannst du dich erinnern, dass wir da vorbeigekommen sind?"

„Dann war mein Navi doch nicht so schlecht, oder?"

„Du bist am besten ganz ruhig und sagst, bis wir zu Hause sind, kein Wort mehr!"

„Jetzt sind wir schon fast eine Stunde unterwegs. So langsam müsste doch mal die Autobahn kommen."

„Wie spät ist es denn?"

„Kurz nach zehn."

„Ich rufe Anna jetzt an. Vielleicht kann sie ins Internet gehen, da gibt's doch Routenplaner."

19

● Ü15

„Der Weg ist richtig. Also fahr einfach weiter. Es sind nur noch ein paar Kilometer bis zur Autobahn."

„Dann kommt doch auch bald die Raststätte, oder?"

„Bingo[26]! Circa 30 Kilometer."

„Ich brauche unbedingt einen Kaffee, sonst schaffe ich die Rückfahrt nicht."

„Oder wir schlafen ein paar Stunden."

„Im Auto?"

„Ja, wo denn sonst?"

Sie erreichen die Autobahn-Raststätte.

Felipe ist auf dem Rücksitz eingeschlafen.

Benno und Paco gehen in die Raststätte und holen sich Kaffee und Sandwiches.

Die Nacht ist warm.

Jetzt stehen sie auf dem Parkplatz und sehen den Lichtern der vorbeifahrenden Autos nach.

„Leo lacht sich kaputt[27], wenn wir morgen früh wieder zu Hause sind."

„Und wenn schon. Ich ärgere mich nur über Felipe. Alles, was der Chaot macht, geht schief. Weißt du noch, letztes Jahr ..."

„Entschuldigung! Habt ihr vielleicht eine Landkarte?"

Ein junger Mann mit langen Haaren kommt zu den beiden.

„Sorry, leider nein. Wo müsst ihr denn hin?"

„Wir müssen zum Festival *Rock am See*, wir spielen da morgen."

„Cool! Aber da seid ihr völlig falsch. Die Ausfahrt zum Festival war vor ungefähr dreißig Kilometern."

„So ein Mist!"

---

26 *Bingo!*: hier: *Richtig! Genau!*
27 *sich kaputt lachen*: ugs. für *sehr lachen*

„... der Ort heißt Hambach. Und dann müsst ihr weiter auf der Landstraße. Aber das Festival ist gut ausgeschildert."

„Seid ihr hier aus der Gegend?"

„Nö, aber wir waren heute schon mal beim Festival."

„Ach so?"

„Na ja, die Typen von der Security waren der Meinung, dass unsere Eintrittskarten gefälscht sind. Und wenn ihr die Typen seht, dann wisst ihr, dass man sich mit denen besser nicht anlegt."

„Hm, ich habe das gehört mit den Fälschungen. Kommt leider immer öfter vor, dass solche Ganoven damit Kohle machen und die Festivals einen schlechten Ruf bekommen.
Und was macht ihr jetzt?"

„Jetzt machen wir Pause und dann geht's zurück nach Hause."

„Dumm gelaufen![28] Warte mal."

Der Musiker geht zum Bus und spricht mit den beiden anderen Bandmitgliedern.

◗Ü16 Nach kurzer Zeit kommt er zurück zu Benno und Paco.

„Ich heiße übrigens Andi. Wollt ihr mit uns mitfahren?"

„Wie bitte?"

„Uns sind zwei Roadies[29] abgesprungen. Ihr könntet uns beim Aufbau helfen."

„Ich habe so was aber noch nie gemacht."

„Das ist nichts Besonderes. Kabel legen, Instrumente schleppen und so. Und ein richtiges Bett bekommt ihr auch. Wir haben eine Buchung für fünf Leute."

„Hm, da gibt's nur ein kleines Problem. Wir sind sechs", unterbricht Paco.

„Oder wir lassen Felipe einfach im Auto schlafen!", grinst Benno.

---

28 *dumm gelaufen!* Ugs. für *so ein Pech!*
29 *der Roadie:* englisch, macht technische Arbeiten für Bands bei Konzerten

7

Eine Stunde später ist der Bus an der Einfahrt Backstage.
Überall sind Scheinwerfer und viele Leute laufen geschäftig durch die Gegend, obwohl es fast Mitternacht ist.

Eine junge Frau kommt zum Bus. Auf ihrer Jacke steht *Organisation*.

„Hi, willkommen! Am besten parkt ihr euren Bus da drüben und dann kommt ihr mit ins Büro zum Registrieren. Wollt ihr noch was essen?"

Alle Mitfahrer rufen wie im Chor: „Klar!"

Die Frau lächelt und spricht in ihr Walkie-Talkie.

„Ich erkläre euch gleich, wo die Kantine ist und euer Schlafzelt. Jetzt parkt erst mal den Bus und dann kommt ihr ins Büro."

„Das ist ja ein Service!", ruft Felipe vom Rücksitz.

„Warte mal ab. Wir haben nur für fünf Leute gebucht", grinst Andi.

„Ihr seid also *Full House*, richtig?"

„Yes, Mäm[30]!", antwortet Andi. „Wir sind die Musiker und das sind unsere Roadies."

„Aha. Auf eurer Anmeldung stehen drei Musiker und zwei Roadies. Ihr seid aber zu sechst."

Andi legt seinen Arm um Felipe.

„Das ist unser Manager. Ohne ihn gehen wir nie auf Tour[31]!"

„So, so." Die junge Frau lächelt und gibt Andi sechs Anmelde-Formulare.

---

30 *Mäm*: englisch, umgangssprachliche Kurzform für *Madam*
31 *die Tour*: französisch *die Konzertreise*

Kurze Zeit später erhalten alle sechs einen Backstage-Pass. Der gilt für die Dauer des Festivals und überall auf dem Gelände. Damit können sie in der Kantine essen und im Schlafzelt für Bands übernachten.

Andi hängt Felipe den ersten Pass um den Hals.

Felipe strahlt: „Qué guay!"[32]

„Sollen wir schon mal ausladen?", fragt Benno.

„Nein, die Instrumente lassen wir im Bus. Die sind hier gut bewacht, seht mal."

Andi zeigt zu den Security-Leuten.

„Zuerst gehen wir was essen, dann holen wir unsere Klamotten und dann geh' ich pennen[33]. Ich bin hundemüde[34]."

„Du bist der Chef", lacht Benno.

„Ich komme gleich nach. Muss nur noch schnell telefonieren."

Paco setzt sich an einen kleinen Tisch vor der Kantine und wählt Annas Nummer.

Anna meldet sich: „Na, du Nachteule[35]?"

„Habe ich dich aufgeweckt?", fragt Paco.

„Nein, ich sitze noch am Schreibtisch. Aber nicht mehr lange. Und ihr? Macht ihr noch Pause? Ich höre gar keinen Motor ..."

„Wir sind wieder auf dem Festival!"

„Was?", fragt Anna erstaunt.

Und Paco erzählt:

„Wirklich, eine irre Geschichte. Auf dem Parkplatz von der Raststätte haben wir eine Band getroffen, kurz nachdem wir telefoniert

---

32 *Qué guay!* spanisch *klasse, super*
33 *pennen*: ugs. für *schlafen*
34 *hundemüde*: *sehr müde*
35 *die Nachteule*: hier ugs. für eine Person, die spät schlafen geht

haben. Die hatten sich verfahren und haben uns nach dem Weg gefragt. Wirklich unglaublich ..."

„Komm, mach es nicht so spannend. Und dann?"

„Na ja, die brauchten noch Roadies."

„Die brauchten was?"

„Roadies. Das sind die Jungs, die beim Aufbau helfen", erklärt Paco.

„Und jetzt?"

„Jetzt haben wir alle drei einen Backstage-Pass. Wir können die Konzerte hören, wir dürfen sogar in der Kantine essen, zu der nur die Bands Zutritt haben. Und wir schlafen in einem großen Zelt, mit richtigen Betten."

„Toll!"

„Ja, finde ich auch. Ich wollte dir nur Bescheid sagen, dass wir jetzt natürlich noch bis Sonntag bleiben."

„Dann kann ich ja in Ruhe meine Semesterarbeit fertig machen, ungestört ...", lacht Anna.

„Mi amor!", seufzt Paco. „Du, ich muss zu den anderen. Schlaf gut! Ich melde mich morgen wieder."

◉Ü17 „Schlaf du auch gut. Genießt das Festival!"

Paco geht zurück in die Kantine.

◉Ü18
◉Ü19

8

„Felipe! He, Felipe! Aufstehen!“

„Wie, was? Wo bin ich?“

„Mann, steh endlich auf! Es geht los!“

Paco schüttelt seinen Cousin.

„Los, komm, es ist fast halb elf.“

„Was, so spät! Wieso weckst du mich nicht früher?“

„Ich versuch's schon seit neun. Wir dachten, du bist ohnmächtig.“

„Blödmann!“

Felipe springt aus dem Bett, nimmt sich ein Handtuch und geht zum Ausgang.

Nach kurzer Zeit kommt er zurück und holt seinen Backstage-Pass.

Benno und Paco tragen Kabel und Instrumentenkoffer zur Bühne.

Um elf Uhr macht die Band ihren Soundcheck. Pete baut das Schlagzeug auf. Er rückt seinen Hocker hin und her und probiert, ob er mit seinen Stöcken alle Teile seines Instruments erreicht. Dann markiert er die Position seines Hockers am Boden mit Klebeband. Mit einem Filzstift schreibt er *FH* auf die Markierung.

Zuerst spielt er mit den Stöcken einen leisen Rhythmus auf dem High Hat[36]. Dann kommt die Basstrommel dazu und dann wird der Rhythmus immer wilder.

Josh schaltet den Verstärker ein, dreht an ein paar Knöpfen und schließt sich dem Rhythmus von Pete an.

Andi klatscht in die Hände und lacht.

Benno bringt ihm den Koffer mit dem Mikrophon. Sie bauen ein Stativ auf, stecken das Mikro an und verbinden das Kabel auch mit dem Verstärker.

„Test! Test!", ruft Andi ins Mikrophon.

Und dann fängt er an zu singen: Laut, rauh, englisch.

„Coole[37] Band!"

Die drei Mädchen tanzen zu der Musik.

„Und der Sänger ist so süß! Genau mein Typ!!"

„Weißt du, wer die sind?"

„Full House!"

„Aha, danke."

„Meine Jungs ..."

Jetzt drehen sich die drei Mädchen zu Felipe um.

„Bist du auch von der Band?"

„Na ja, kann man so sagen. Eigentlich bin ich mehr im Management tätig."

Felipe zeigt den Mädchen seinen Backstage-Pass.

„Also, wenn ihr die Jungs mal kennenlernen wollt, ich meine, Andi, Josh und Pete, ich kann das arrangieren."

„Echt?"

„Wir machen jetzt noch ein bisschen Soundcheck und unser Auftritt ist dann um vier. Aber dazwischen könnt ihr ja mal vorbeikommen."

36 *High Hat*: englisch Teil eines Schlagzeugs
37 *cool*: englisch *toll*, *super*

„Ich gebe dir meine Handynummer."

„Hast du mal einen Stift?"

„Ich dachte, Manager haben ein Blackberry?"

„Habe ich, aber das ist noch im Bandzelt. Hast du auch einen Zettel?"

„Nö. Komm, ich schreib's dir auf den Arm ..."

Die Mädchen kichern.

„So, die Damen. Bitte ein paar Schritte zurück! Das ist der Bühnenbereich."

Zwei Security-Leute sperren den Platz vor der Bühne mit Bändern ab.

„O.k., danke."

Der Wachmann sieht zu Felipe.

„Sag mal, kenne ich dich nicht ..."

Felipe erschrickt: Der Rocker! Er guckt sich um. Hinter ihm stehen schon viele Besucher und warten auf den Konzertbeginn.

Felipe springt über das Absperrband und rennt zur Bühne.

„He du! Warte!", ruft ihm der Wachmann hinterher.

Aber da ist Felipe schon auf die Bühne geklettert.

Die Band hat ihren Soundcheck beendet und die Musiker packen ihre Sachen zusammen.

Felipe stolpert über ein Kabel und fällt fast in das Schlagzeug.

Der Wachmann geht zur Bühne und ruft noch mal: „He du! Komm mal her!"

Andi grinst die Mädchen an und sagt:

„Der gehört zu uns, ... unser Manager!" Dann hebt er vier Finger und sagt: „Wir spielen um vier!" ❯Ü20

„Na, geht's wieder?"

„Ja, ja, danke. So ein Idiot. Der verfolgt mich seit gestern. Ich glaube, dem sage ich mal so richtig Bescheid[38]!"

„Das lass mal besser!", lacht Andi. „Komm lieber mit in die Kantine. Da warten Benno und Paco auf uns."

Die drei Musiker und Felipe gehen in die Kantine.

„Na, wie war's?", fragt Benno.

„Alles bestens. Hört mal, wir haben jetzt ein paar Stunden frei. Vor uns spielen auf der Bühne zwei andere Bands. Aber kurz vor vier brauchen wir euch. Wir haben nicht viel Zeit für den Aufbau, da muss alles schnell gehen. Verstärker und Schlagzeug bleiben auf der Bühne, die sind vom Veranstalter. Wir bringen die Gitarren und die Mikros mit. O.k.?"

„Klar! Ich gehe mal ein bisschen Festival-Luft schnuppern. Wer kommt mit?"

„Ich!", ruft Paco. „Deshalb sind wir ja hier, oder?"

„Ich komme auch mit, aber vorher hole ich mir noch eine Cola. Wartet ihr auf mich?"

„Ja, aber beeil dich!"

---

38 *jmd. Bescheid sagen*: hier: Drohung, *jmd. richtig die Meinung sagen*

9

Felipe stellt sich bei den Getränken an.

Viele Musiker und ihre Roadies haben jetzt Pause.

Einige Musiker sind sehr bekannt. Felipe kennt sie von Video-Clips oder aus Zeitschriften. Von einigen hat er CDs.

Er ist sehr stolz, dass er fast dazugehört.

Er überlegt, ob er nach einem Autogramm fragen soll. Damit könnte er in der Schule ein bisschen angeben[39].

Gleich ist er dran.

Er sucht in seiner Hose nach Kleingeld für die Cola.

Plötzlich spürt er eine schwere Hand auf seiner Schulter.

„Ohne Kohle gibt's hier nichts!", sagt eine tiefe Stimme.

Die Stimme kommt Felipe bekannt vor, aber er traut sich nicht sich umzudrehen. Er sieht sich nach einer Fluchtmöglichkeit um. Aber die Hand hält ihn fest.

„Du suchst wohl das hier, Felipe Garcia?"

Die Stimme kennt seinen Namen! Langsam bekommt Felipe Panik.

Dann hält ihm eine Hand seine Brieftasche vors Gesicht. Der eiserne Griff an seiner Schulter löst sich und jemand hängt ihm seine Jacke um die Schultern.

Vorsichtig dreht sich Felipe um. ❯Ü21

„Ha, ha! Jetzt bist du aber erschrocken, was?"

„Äh, meine Sachen, danke ..."

---

39 *angeben: prahlen, wichtig tun*

„Ich bin Otto. Wenn du nicht dauernd vor mir weglaufen würdest, hättest du deine Jacke schon längst wieder."

„Ja, aber ..."

„Schon o.k., Junge. Mit deinem Backstage-Pass gehörst du ja nun zur Familie. Wie du das gemacht hast, weiß ich zwar nicht. Aber Ausweis ist Ausweis."

„Möchtest du etwas trinken?", fragt Felipe schüchtern.

„Lass mal, Junge. Das übernehme ich.

Ein Bier und eine Kindercola!"

„Drring! Drring!"

„Ja, Paco."

„Wo seid ihr?"

„Hey, hast du dein Handy wieder?"

„Ja, das erzähle ich dir gleich. Wo seid ihr?"

„Wir sind vor der Bühne eins. Die *Garage Band* spielt gleich. Kommst du?"

„Klar! Aber das kann ein bisschen dauern, ich muss mich durch die ganzen Leute wühlen."

„Wieso denn das? Geh doch einfach hinter den Kulissen zur Bühne."

„Hinter den Kulissen? Wie meinst du das?"

„Oh Mann, mit dem Backstage-Pass musst du nicht über das Festivalgelände laufen. Da ist schon alles voll. Geh einfach am Bühnenbereich entlang. Beeil dich, es geht los!"

Felipe hört nur noch laute Rockmusik aus seinem Handy.

„Wahnsinn!"

„Was?"

„Die Musik ist Wahnsinn!"

„Ich versteh' dich nicht!"

Benno deutet zur Bühne und nickt mit dem Kopf.
Paco grinst und nickt ebenfalls.
„Live sind die noch viel besser als auf CD!"
„Der Wahnsinn!"
„Was?"

„Seht mal! ... He, seht mal!"
Felipe hat die Digitalkamera von seinem Handy angeklickt. Er
filmt Paco und Benno.
Die beiden hören ihn nicht. Die Musik ist schrecklich laut.
Er stößt Paco an.
Paco grinst in die Kamera, dann stößt er Benno an.
Beide machen Faxen[40] in die Kamera.   ❯Ü22

40 *Faxen machen*: ugs. hier für Grimassen und komische Bewegungen machen

„Und jetzt du!"

„Was?"

„Jetzt du!!"

Paco nimmt Felipes Handy und macht ein Foto von ihm und Benno.

Dann ist Benno dran. Er fotografiert die beiden Cousins.

„Super, oder?"

Paco nimmt das Handy und ruft Felipe ins Ohr:

„Darf ich mal telefonieren?"

„Claro!"

Paco wählt die Nummer von Anna.

„Hola, mi amor, ich bin's, Paco!"

Dann hält er das Handy in Richtung Bühne.

29 ❯Ü23

Er versteht fast nichts.

Dann holt er ganz tief Luft, um seinen nächsten Satz ins Telefon zu schreien.

Genau in diesem Moment ist der Song zu Ende.

Für einen Augenblick ist es ganz still.

Nur ein Besucher schreit laut in sein Handy:

„Ich liiiebe dich!"

ENDE

KAPITEL 1

1 Was wissen Sie über die Personen? Sammeln Sie.

2 Felipe spricht Benno eine Nachricht auf die Mailbox. Formulieren Sie die Nachricht.

Felipe und Paco ... – Karten für Rockfestival – Lust?

3a Felipe hat ein Problem. Was für eins? Hören Sie und notieren Sie.

_____

3b Hören Sie noch einmal und ergänzen Sie.

„Hallo, hier ist Benno. Ich kann im Moment _____

_____. Hinterlasst doch eine Nachricht auf der

Mailbox. Ich _____ _____.“

„Hi, Benno! Hier ist Felipe. Du, _____ _____ _____

_____ für *Rock am See*!

Hast du Lust _____?

Paco kommt auch mit. Ähm, wir brauchen auch noch _____

_____ und natürlich _____ _____.

Kannst du deinen _____ mal _____, ob er uns

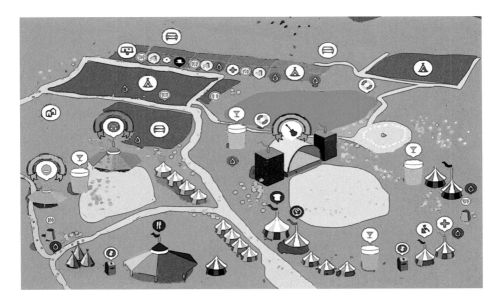

sein _____ _____? Das wär echt klasse.

Komm doch _____ _____ zu Leo in die

_____. Wir sind _____ _____ da, o.k.?

Also, _____ _____, Alter. Bis morgen. Ciao!"

KAPITEL 2

4 Notieren Sie alle wichtigen Informationen – was? wann? wie? wo? – und markieren Sie auf dem Plan.

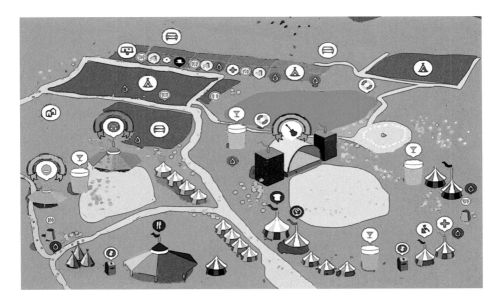

5 Vergleichen Sie den Text mit dem Originaltext und korrigieren Sie die Fehler.

Leo war 1980 oder 1981 zum ersten Mal auf einem Festival: in Woodstock. Das war ein Open Air Festival auf der Loreley. Damals kamen aber noch nicht so viele Leute, nur ein paar Hunderttausend. Leo hat dort mit Musikern eine richtig gemütliche Gartenparty gemacht und für die Superstars Würstchen gegrillt.

KAPITEL 3

6a Was sind die Themen in den Nachrichten? Hören Sie und markieren Sie.

Politik – Kultur – Sport – Wirtschaft – Aktuelle Lokalnachrichten – Wetter – Verkehr

6b Richtig oder falsch? Hören Sie noch einmal und kreuzen Sie an.

Nachrichten-Übersicht:

	R	F
1. Die Klimakonferenz ist erfolgreich zu Ende gegangen.	☐	☐
2. Die Banken bekommen Milliarden von der Bundesregierung.	☐	☐
3. Schwarz-Gelb hat die Wahl in Nordrhein-Westfalen gewonnen.	☐	☐

Sport:

	R	F
4. Am Wochenende findet das Fußball-Länderspiel Deutschland – Ukraine statt.	☐	☐

Wetter:

	R	F
5. Milde Temperaturen, trocken und schön.	☐	☐

Verkehr:

	R	F
6. Der Berufsverkehr in Hamburg ist störungsfrei. Es gibt keine Staus.	☐	☐
7. Auf der Autobahn Hannover-Kassel müssen die Autofahrer mit Behinderungen und Staus rechnen.	☐	☐

7a Hippies, Punks und Popper: Welche Jugendkulturen kennen Sie? Sammeln Sie.

Rocker, ...

7b **Gehören/Gehörten Sie selbst auch einer Gruppe an? Wenn ja, welcher? Was ist typisch für diese Gruppe? Beschreiben Sie.**

Aussehen? Kleidung? Musik? Sport? Ernährung? Engagement für oder gegen etwas? ...

KAPITEL 4

8a **Richtig oder falsch? Kreuzen Sie an.**

	R	F
1. Felipe denkt, dass das „neue" Navi kaputt ist.	☐	☐
2. Benno, Paco und Felipe machen Pause in einer Raststätte.	☐	☐
3. Es dauert noch ungefähr drei Stunden, bis die drei am Ziel sind.	☐	☐
4. Überall um das Festivalgelände gibt es Sicherheitsleute.	☐	☐
5. Ein Wachmann prüft ihre Eintrittskarten.	☐	☐

8b **Was bedeutet das? Ordnen Sie zu.**

1. Was sich liebt, das neckt sich.	A Provozier keinen Streit!
2. Lass das!	B eine Kontrolle
3. Claro!	C Menschen, die sich mögen, ärgern sich gern ein bisschen.
4. Leg dich bloß nicht mit denen an!	D Mach das nicht, hör auf!
5. ein Check	E Klar, natürlich!

9 **Vergleichen Sie die Eintrittskarten. Was ist anders?**

10a Was ist richtig? Hören Sie und kreuzen Sie an.

	R	F
1. Felipe findet, der Wachmann hat Recht.	☐	☐
2. Paco und Benno ärgern sich über Felipe.	☐	☐
3. Felipe möchte Benno die 50 Euro für die Eintrittskarte nicht zurückgeben, weil er selbst ein Opfer ist.	☐	☐

10b Wer sagt was? Ergänzen Sie F (Felipe), P (Paco) und B (Benno). Hören Sie dann noch einmal.

____ „Die spinnen doch! Die haben doch einen Knall! Ich glaub', ich steig' aus und sag' dem Typ die Meinung ...“

____ *„Halt du einfach die Klappe.* Was machen wir jetzt, Benno?“

____ „Umkehren natürlich. Mit denen leg' ich mich nicht an. Wir fahren ein Stück zurück und dann überlegen wir, was wir machen.“

____ „Gute Idee. Kannst du hier wenden oder soll ich aussteigen und dich dirigieren?“

____ „Geht schon.“

____ „Ich kann auch aussteigen.“

_B_ „Das wär' am allerbesten. Brauchst aber dann nicht wieder einzusteigen, *du Niete*!“

____ „Tut mir echt leid, Leute. Aber das muss wirklich ein Missverständnis sein. Unsere Karten sind bestimmt echt. *Warum lasst ihr euch das so einfach gefallen?*“

____ „Hab' ich nicht gesagt, du sollst die Klappe halten? Ich hätt's mir ja denken können. Wenn du schon mal was organisierst – das kann nur *in die Hose gehen*. Madre mia!“

____ „Und meine fünfzig Euro will ich zurück, verstanden?“

____ „Ja, ja, Mann. Ich wollte euch doch nicht *linken*. Ich bin doch selbst ein Opfer. Ich hab das doch ...“

____ „Klappe!!!“

11 Lesen Sie 10b. Klären Sie die Bedeutung der kursiv markierten Wörter und Wendungen. Arbeiten Sie auch mit dem Wörterbuch.

KAPITEL 5

12 Warum möchte Felipe das Gelände noch einmal „checken"?

_____

13 Beschreiben Sie die Atmosphäre auf dem Festival-Gelände.

14a Felipe braucht seine Jacke, sein Geld und sein Handy. Was soll er tun? Geben Sie Tipps.

Er könnte ... / Ich würde ... / Am besten ... / Das ist nicht so einfach, aber ...

14b Wie geht die Geschichte weiter? Sammeln Sie Ideen.

KAPITEL 6

19

15a Welche Informationen braucht Paco von Anna? Hören Sie und notieren Sie Stichwörter.

15b Hören Sie noch einmal und ergänzen Sie.

"Na mein Lieber, seid ihr schon angekommen?"

„Hola, mi amor. Wir sind sogar schon wieder _____

_____."

„Machst du Scherze?"

„Schön wär's. Felipe hat sich _____ andrehen lassen."

„Nein!"

„Doch, leider. Sie haben uns _____.
Und jetzt fahren wir wieder zurück."

„Wie, heute Nacht noch?"

„Na ja, was sollen wir denn machen? Auf den Campingplatz vom Festival dürfen wir nicht und hier ist kein anderer weit und breit. Und

ein _____."

„Wo seid ihr denn?"

„Deshalb rufe ich dich an. Bist du im Moment _____?"

„Klar!"

„Kannst du mal einen _____?
Der Ort, wo wir grade durchgefahren sind, heißt Hambach."

„Moment – Hambach, hier. Und was willst du wissen?"

„Wo die nächste _____ ist."

„Warte mal – Hambach, das ist ganz in der Nähe von der A3. Viel-

leicht _____ bis zur Auffahrt."

„Und wie weit ist es bis zu einer _____?"

„Warte. Vielleicht _____. Da macht ihr
aber eine Pause, oder? Lieber kommt ihr später, aber gesund nach
Hause!"

„Klar, cariño. Ich pass' schon auf. Und arbeite nicht mehr so lange!"

„Ein bisschen mach' ich noch, bin noch nicht müde. Grüß die beiden

anderen, ja? _____!"

16 Was bespricht der Musiker mit seinen Kollegen? Haben Sie ein[...]
Idee? Ergänzen Sie die Sätze.

> Er erzählt ihnen, dass ...
> Vielleicht fragt er, wie ...
> Er will vielleicht wissen, ob ...
> Ich könnte mir vorstellen, dass ...
> Möglicherweise ...

KAPITEL 7

17 Paco hat gute Nachrichten für Anna. Zählen Sie sie kurz auf.

> 1.
> 2.
> 3.
> ...

 18a Hören und notieren Sie.

Bandname: _____

Auftritt wann? _____

Vorband oder main act? _____

... eißen die Bandmitglieder? Welche Funktion haben sie in
Band?

.ören Sie noch einmal.

FULL HOUSE

Josh

· ·

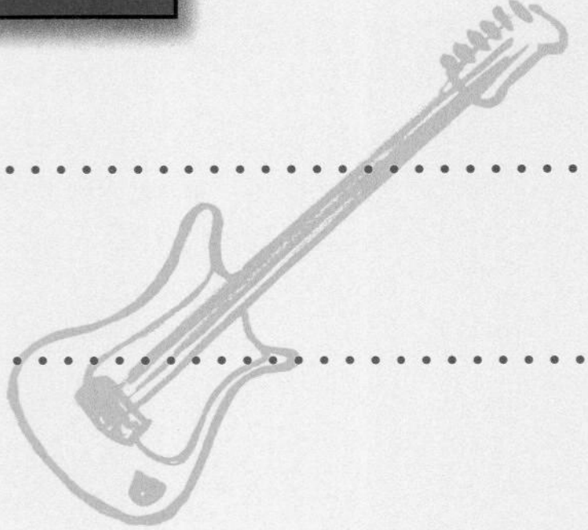

· ·

19a Was ist richtig? Kreuzen Sie an.

	R	F
1. Die Band besteht aus drei Musikern.	☐	☐
2. Die Band ist sehr berühmt und verdient viel Geld.	☐	☐
3. Die Band hat gerade einen neuen Bus gekauft.	☐	☐
4. Der Auftritt der Band ist um 16 Uhr.	☐	☐
5. Der Soundcheck ist um 14 Uhr.	☐	☐

19b Hören Sie noch einmal, lesen Sie und vergleichen Sie.

„So, jetzt stelle ich euch mal die Band vor: Das ist Josh, unser Bassist."

„Hallo! Eigentlich heiße ich Josef Schuller. Aber kennt ihr einen Rock-Bassisten, der so heißt? Josh ist besser ..."

„Und das ist Pete. Er sitzt an unserer Schießbude."

„Schießbude?"

„Hombre, er spielt Schlagzeug!"

„Und ich bin Andi, Gesang und Gitarre. Und unseren Bandnamen habt ihr ja auch schon gehört, *Full House*."

„Wir spielen morgen und am Samstag, am Nachmittag. Wir sind hier mehr so eine Vorband. Für den *main act*, also für den großen Auftritt am Abend sind wir noch nicht bekannt genug."

„Aber ihr könnt von eurer Musik leben?"

„Mehr schlecht als recht. Wir sind viel unterwegs, spielen auf vielen Open Air Festivals. Da kann man schon Geld verdienen. Aber wir haben auch Kosten: Studiomiete für Aufnahmen, dann muss unsere Ausrüstung immer auf dem letzten Stand sein, Computer und so. Hm, und bald brauchen wir einen neuen Bus."

„Und ein Navi! Aber den Weg zum Band-Zelt finde ich noch alleine. Gute Nacht, Leute."

„Gute Nacht!"

„Ich glaube, wir gehen jetzt alle ins Bett, oder? Ach so, wann geht es denn morgen los?"

„Warte mal, hier ist das Programm ... um 14 Uhr. Wir sind um 16 Uhr dran. Aber um 11 treffen wir uns auf der Bühne 2 zum Soundcheck."

„Soundcheck?"

„Ja, wir testen den Sound, die Lautstärke der Instrumente, die Mikrophone."

„Und jetzt testen wir die Betten. Gute Nacht!"

KAPITEL 8

20 Wie soll Felipe das Problem mit dem Wachmann lösen? Geben Sie Tipps.

KAPITEL 9

21 Was passiert jetzt? Wie geht die Geschichte weiter? Schreiben Sie einen kurzen Dialog und spielen Sie.

22 Suchen Sie Wörter und Wendungen, die zum Bild S. 45 passen, und notieren Sie oder schreiben Sie ins Bild.

23a Hören Sie.

23b Bringen Sie das Gespräch in die richtige Reihenfolge, nummerieren Sie. Hören Sie dann noch einmal und vergleichen Sie.

_1_   A   Hallo? – Hallo, wer ist da? – Paco, bist du das?

_2_   P   Anna, verstehst du mich?

___   P   Ich ruf' dich heute Abend noch mal an. Wollte dir nur ein bisschen Musik vorspielen. Hier ist es super – und wie geht's dir?

___   A   Paco? Ich hör' nur Musik! Wie geht's dir?

___   A   Ich versteh' dich ganz schlecht! Die Musik ist viel zu laut!

___   P   Anna? Hallo, Anna? Ich versteh' dich kaum, die Musik ist brutal laut! Ich wollte dir einfach guten Tag sagen! Das Konzert hat gerade angefangen! Hörst du?

_7_   A   Paco das hat keinen Sinn. Ich versteh' dich nicht. Ruf mich einfach später noch mal an, ja? …

OPEN AIR FESTIVALS

1 Lesen Sie und geben Sie dem Text eine Überschrift

1967 hat alles begonnen, mit dem Pop Festival in Monterey (USA). Das bekannteste Open Air-Festival ist bis heute vielleicht Woodstock, das 1969 ebenfalls in den USA stattfand und als Höhepunkt der Hippiebewegung gilt. Von weltweiter Bedeutung sind sicher auch die Live Aid Konzerte von 1985, die gleichzeitig in London und Philadelphia stattfanden. Live Aid wurde als Benefizkonzert für die Hungerhilfe in Afrika veranstaltet, die Erlöse von Live Aid betrugen ca. 102,3 Millionen Euro. Auch die Verkaufserlöse der gleichnamigen CD wurden zur Bekämpfung der Hungersnot in Afrika gespendet. Live Aid war das bis dahin größte Rockkonzert aller Zeiten. Es wurde weltweit im Fernsehen und im Radio übertragen und erreichte 1,5 Milliarden Menschen.

2 Welche Festivals (Musik, Theater, etc.) kennen Sie? Sammeln Sie.

A BEKANNT! BEWÄHRT! GROSS!

Festivalfans können es kaum erwarten, bis die Open-Air-Saison beginnt. Jeden Sommer ziehen sie los, um ihre Bands zu hören und mit Gleichgesinnten unter freiem Himmel zu feiern. Festivals gibt es nicht nur in großen Städten, sondern auch auf dem Land.

Das älteste und größte Rockfestival ist *Rock am Ring*. Es findet seit 1985 auf

59

Wer leer ausgeht und keines der begehrten Tickets ergattern kann, pilgert zum „kleinen Bruder": zum Festival *Rock im Park*, das 2010 den 15. Geburtstag feiert. Seit 1997 in Nürnberg installiert, nahm es seine Anfänge 1993 in Wien (Rock in Vienna) und zog 1994 nach München um.

dem Nürburgring statt und startet als Zwei-Tage-Festival mit 17 Bands und 75.000 Besuchern. Das Festival wird immer größer, im Jahr 2005 sind 92 Bands zu hören, 2010, zum 25jährigen Jubiläum, wird das Festival verlängert und findet zum ersten Mal vier Tage lang statt. Die 85.000 Tickets für die große Party im Juni sind bereits im Februar restlos ausverkauft. Nicht wenige Fans halten der größten Party Deutschlands seit 25 Jahren die Treue, viele schwärmen von der einzigartigen Atmosphäre. Ein hochkarätiges Programm ist seit jeher garantiert, fast jede nationale und internationale Band von Rang hat dort gespielt.

Seit 1995 trägt es den Namen *Rock im Park*. „Kleiner Bruder" wird es genannt, weil das Rockereignis zeitgleich mit *Rock am Ring* stattfindet und dieselben Bands spielen wie auf dem Nürburgring. Die Besucherzahlen haben sich von ca. 45.000 im Jahr 2005 inzwischen bei 60.000 bis 70.000 eingependelt.

3 **Richtig oder falsch? Kreuzen Sie an.**

	R	F
Das größte deutsche Rockfestival ist Rock am Ring.	☐	☐
Rock am Ring feiert 2010 seinen 25. Geburtstag.	☐	☐
Die Fans schätzen bei Rock am Ring die gleichbleibend hohe Qualität des Musikprogramms.	☐	☐
Zu Rock am Ring gibt es seit 15 Jahren eine Parallelveranstaltung in München.	☐	☐
Rock im Park hat ca. 85.000 Besucher und zieht zu seinem 15jährigen Jubiläum nach Nürnberg um.	☐	☐

B KULT!

Schneller, höher, weiter. Dieses Motto gilt für viele Festivals, aber vor allem für eines: das Wacken Open Air *W:O:A*. Wacken ist das größte Metal-Festival der Welt und Wacken ist Kult. Den Namen hat das Festival von dem Ort, in dem es stattfindet, einer 2000-Einwohner-Gemeinde in Schleswig-Holstein. Das ganze Dorf packt mit an, wenn die Metal-Fans drei Tage im August den Ort stürmen. Ein Bauer stellt seine Felder zur Verfügung, der Dorfladen hält bereit, was die Gäste brauchen, die Bewohner helfen mit auf dem Festivalgelände, die Frauen im Dorf backen Kuchen und alle begrüßen die Metal-Fans mit dem Metal-Gruß. Und: die Blaskapelle der Feuerwehr eröffnet das Großereignis.
Über Wacken wurden Filme gedreht,

denn Wacken ist anders. Wacken macht Staunen und begeistert inzwischen 75.000 Besucher. Dabei begann es klein: mit 6 Bands und 800 Besuchern. Zwei Jahre später spielten schon 26 Bands für 3500 Besucher. 1997 freuten sich die Veranstalter über 10.000 Besucher und 47 Bands. Fast 50.000 Fans waren es 2006 und seit 2007 freuen sich über 70.000 Besucher über die Musik von 70 bis 80 Bands. Thomas Jensen, der das Festival gegründet hat, sagt in einem Interview, der familiäre Charakter, der das Festival ausmache, sei noch immer vorhanden.

4   Was ist das besondere an dem *Wacken Open Air*? Notieren Sie Stichpunkte.

C MIT UMWELTSIEGEL!

Dass ein Festival auch ohne die ganz großen und berühmten Bands auskommen und Musikspaß pur garantieren kann, zeigt RhEINKULTUR in Bonn. Bei freiem Eintritt feiern jährlich an einem Samstag im Juli bis zu 200.000 Fans unter freiem Himmel. Musik gibt es auf fünf Bühnen und für fast jeden Musikgeschmack. Es gibt Rock und Pop, Alternative

Nachhaltigkeit. Seit 2008 ist mit RhEINKULTUR das Motto *Green Rocks* verbunden.
Dem Umweltschutz verpflichtet ist

und Punk, Hip Hop, unterschiedliche Elektronische Musik und junge lokale Bands. 4000 Besucher kamen bei der Gründung 1983, 100.000 waren es 1990, doppelt so viele fünf Jahre später, inzwischen freuen sich zwischen 150.000 und 200.000 Musikfans auf das musikalische Großereignis in der Bonner Rheinaue. Bereits 1993 haben die Veranstalter ein eigenes Umweltkonzept für das Festival entwickelt. 2005 erhielt es das Label „Sound for Nature Festival", eine Auszeichnung für die Bemühungen um Umweltschutz und

auch das *Taubertal-Festival*, das seit 1996 in idyllischer Lage in der Nähe von Rothenburg ob der Tauber (Bayern) stattfindet. Es trägt ebenfalls das „Sound for Nature"-Siegel, wird immer wieder mit dem „Green'N'Clean"-Award ausgezeichnet und gilt als eines der schönsten Festivalgelände der Welt. Drei Tage lang wird dort im Sommer gerockt. Das *Taubertal-Festival* ist kleiner als die oben beschriebenen, lockt dennoch internationale Bands von Rang und Namen an und begeistert jährlich 22.000 Fans.

5 Suchen Sie die Informationen im Text und notieren Sie.

Veranstaltungsort von RhEINKULTUR: _____

Eintrittspreise für RhEINKULTUR: _____

Besucherzahlen RhEINKULTUR: _____

Besucherzahlen Taubertal-Festival: _____

Besonderheiten der beiden Festivals: _____

D KLASSISCH!

Ein großer Geburtstag, eine Idee, Mut zum Experiment, ein Park, zwei Symphonieorchester. Daraus entstand das größte Klassik Open Air Europas: das *Klassik Open Air beim Picknick im Park* in Nürnberg, das an zwei Sonntagen im Sommer stattfindet. Das erste Mal findet es anlässlich der 950-Jahr-Feier Nürnbergs im Jahre 2000 statt. Die Vorbilder: ähnliche Veranstaltungen in London und in New York. Die Zuschauer erleben bei freiem Eintritt die Konzerte auf den Rasenflächen vor der Bühne bei einem Picknick am Abend.

Das Programm bestreiten die beiden Symphonieorchester der Stadt, die Nürnberger Symphoniker und die Nürnberger Philharmoniker. Die Programme orientieren sich am Anlass und tragen Titel wie *Italienische* *Nacht, Sommernachtsträume, Sonne, Mond und Sterne* oder *Love Affairs* und bieten eine Zeitreise durch die Geschichte der klassischen Musik. Zur Premiere gibt es drei Konzerte, seit 2001 sind es zwei Konzertabende. Mit einer stabilen Besucherzahl zwischen 40.000 und 60.000 je Konzertabend ist das *Klassik Open Air beim Picknick im Park* fester Bestandteil des Nürnberger Kultursommers.

6 Ergänzen Sie.

Das Klassik Open Air in Nürnberg gibt es seit ＿＿＿＿＿＿＿. Es findet

an ＿＿＿＿＿＿ Abenden statt. Regelmäßig spielen die beiden ＿＿＿＿＿

＿＿＿＿＿＿＿＿＿＿ der Stadt Nürnberg. Jährlich besuchen

ca. ＿＿＿＿＿＿＿＿ Besucher das Klassik Open Air.

7 Waren Sie schon einmal auf einem Open-Air-Festival? Wann? Wo? Wie war das? Erzählen Sie.

Übersicht über die in dieser Reihe erscheinenden Bände:

Stufe 1 ab 50 Lernstunden

Gebrochene Herzen	64 Seiten	Bestell-Nr. **49745**
Die Neue	64 Seiten	Bestell-Nr. **49746**
Schwere Kost	64 Seiten	Bestell-Nr. **49747**
Der 80. Geburtstag	64 Seiten	Bestell-Nr. **49748**
Miss Hamburg	64 Seiten	Bestell-Nr. **46501**
Das schnelle Glück	64 Seiten	Bestell-Nr. **46502**

Stufe 2 ab 100 Lernstunden

Schöne Ferien	64 Seiten	Bestell-Nr. **49749**
Der Jaguar	64 Seiten	Bestell-Nr. **49750**
Große Gefühle	64 Seiten	Bestell-Nr. **49752**
Unter Verdacht	64 Seiten	Bestell-Nr. **49753**
Liebe im Mai	64 Seiten	Bestell-Nr. **46503**
Der Einbruch	64 Seiten	Bestell-Nr. **46504**

Stufe 3 ab 150 Lernstunden

Stille Nacht	64 Seiten	Bestell-Nr. **49754**
Leichte Beute	64 Seiten	Bestell-Nr. **49755**
Hinter den Kulissen	64 Seiten	Bestell-Nr. **46505**